Brigitte LUCIANI et Eve THARLET

Monsieur Blaireau et Madame Renarde

LA RENCONTRE

jeunesse

Merci à Chris pour sa relecture, son soutien et sa patience.
B. L.

Merci à Nicole R., qui a accepté avec enthousiasme
de tester mes planches de crayonnés et lettrages
auprès des "p'tits loups" de sa classe...
E. T.

Déposé à la commission des publications pour la jeunesse – loi n° 49-956 du 16 juillet 1949.
Dépôt légal : mai 2006 • ISBN 978-2205-05678-5
Imprimé et relié en juin 2023 par PPO Graphic – 10 rue de la Croix-Martre, 91120 Palaiseau – France
www.dargaud.com

Carcajou ! Glouton !
À table !

Prem's !

Tu n'es pas encore arrivé !
Aïe !

Tricheur !

Ça ne compre pas !

Gagné !
Ce n'est pas vrai, papa ! Glouton, il triche toujours. Il m'a retenu !

Nettoyez-vous les pattes et asseyez-vous.

Tu as triché !
Si !
Non !
Si !
Non !
Non !

Si !

Cassis a parlé ! Son premier mot. N'est-ce pas merveilleux ?

Si !

Et puisqu'elle le dit, c'est vrai : tu as triché !

Glouton, est-ce que c'est bien raisonnable ? Ça va être ta troisième assiette !
Mais, j'ai couru toute l'après-midi, papa !

Couru ? On a joué à cache-cache et tu t'es endormi sous le buisson !

Crrsss

Qu'est-ce que c'est papa ?
Quelqu'un est entré dans notre terrier.

Cachez-vous, vite !

Eh oh!

Il y a quelqu'un ?
Maman, ce sont des renards qui habitent ici ?

Non, ce sont des blaireaux.
Mais pourquoi nous n'allons pas chez des renards ?
Parce que nous n'avons pas trouvé de terrier de renard !

Mmm, carottes et vers de terre ! J'ai drôlement faim !

Ne touche pas à mon assiette !

Glouton!

Bonsoir! Excusez-nous pour cette visite inattendue. Nous avons perturbé votre dîner!
Ce n'est rien du tout. Mais asseyez-vous, je vous en prie. Vous semblez fatiguées.

Merci, vous êtes bien aimable ! Ma fille Roussette et moi avons marché toute la journée. Nous sommes épuisées.

Je suis en pleine forme, moi ! J'ai faim, c'est tout.
Partagez donc notre repas. Il y en a assez pour tout le monde.

N'est-ce pas, Glouton ?

Pourquoi avez-vous marché toute la journée ?
Des chasseurs ont découvert notre terrier.
Tu les as vus ?

Non. Mais ils ont fait beaucoup de bruit et il y en avait un qui puait le savon.

Liiih !
Beurk !

Mais comment vous êtes-vous échappées ?
Nous avons pris une sortie qui nous a amenées loin d'eux.

Cool !
Tu trouves ça cool ? Moi, les chasseurs, je trouve ça pas cool du tout !

C'est une vraie aventure !
Toi et tes aventures ! Je te rappelle qu'elle vient de perdre son terrier et qu'elle n'a même plus de lit pour dormir !

Ne vous inquiétez pas. Je sais me débrouiller.

Effectivement, elle se débrouille bien !
Pousse-toi un peu, sinon je tombe !

Voulez-vous goûter mon vin de mûres ?
Avec plaisir !
Vos garçons sont vraiment gentils de laisser un de leurs lits à Roussette.

Apprendre à partager, ce n'est pas si évident. Plus encore pour un enfant unique comme Roussette.

Roussette a toujours rêvé d'avoir des frères et sœurs.
Ce n'est pas vrai ! J'adore être seule !

Surtout depuis que son père et moi sommes séparés.
Nous aussi, nous sommes seuls. J'ai perdu ma femme à cause d'une grave maladie.
Oh, je suis désolée !
Ils ont l'air de bien s'entendre.
Hmmm.

Il faut que je retourne à notre terrier, pour voir s'il est encore habitable.
Soyez prudente.
Attends, maman, je viens avec toi !

Non, c'est trop dangereux. Tu peux jouer ici avec tes nouveaux copains.
Ce ne sont pas mes copains !

Dommage qu'il n'y ait pas d'autres renards par ici.
Pourquoi ne veux-tu pas jouer avec Glouton et Carcajou ?

Ce sont des blaireaux qui ne connaissent que des jeux de blaireaux.
Et pourquoi ne leur apprends-tu pas tes jeux à toi ?

Gagné !
Bon, on peut toujours essayer.

Qui veut jouer à "attrape-moi"?
Comment on y joue?
Oui, jouons à autre chose!

Ah, non! Nous n'avons plus beaucoup de temps. On fait une partie de cache-cache!

Qui s'y colle?
C'est toujours celui qui propose le jeu qui commence!
Oui, un cache-cache!

...18
...19
...20

J'arriii...ve...

Je crois que tu n'as pas bien compris. Il faut que tu te caches!
Je ne joue pas!

J'étais en train d'expliquer un nouveau jeu!
Un jeu dix fois mieux que ton cache-cache débile!
Tu ne veux pas jouer à cache-cache parce que tu ne connais pas notre terrain, c'est ça ?

Je n'ai pas besoin de connaître votre terrain minable pour me cacher !
N'empêche, c'est un jeu simple que tout le monde connaît.
Avec des nouveaux jeux, on perd du temps parce qu'il faut tout expliquer.

Libéré !

Ça ne compte pas !
Le jeu n'a pas encore commencé.

Sauvez-vous !
Attends ! Il faut toucher l'arbre !

Ils n'ont rien compris à ton jeu non plus !
Foncez !

Il y a un chien qui arrive !

Au terrier, vite !
C'est trop loin !

Venez par ici !

Il est parti.

Je crois que tu as gagné notre partie de cache-cache.
Mais, comment savais-tu qu'il ne nous trouverait pas ici ?

Les chiens sont comme nous : ils suivent leur truffe. Mais ce genêt couvre nos odeurs.
Hé, venez !
C'est vrai que ça empeste ici !

Wow, c'est beau !
Quel palais !

Il vaut mieux rentrer maintenant.
Sinon, papa va se faire du souci.

Grouillez-vous, bande de blaireaux !
Elle a quand même quelque chose d'agaçant, non?

Maman!
J'ai une mauvaise nouvelle, ma petite !

Nous ne pourrons pas retourner à notre terrier. Ils ont tout détruit.

Il ne faut pas être triste, maman.
On a découvert une superbe cachette dans un arbre. Je suis sûre que nous pourrions y vivre.

Tu me montreras. Mais je pense que nous avons trouvé la solution...

Nous ?

Edmond nous propose d'agrandir le terrier pour que nous puissions tous y vivre.

Je voulais l'agrandir de toute façon, pour que chacun ait sa chambre plus tard.
C'est une excellente solution en attendant de trouver autre chose.
Et entre-temps ça peut servir à nos hôtes !

Mais enfin, qu'est-ce qui ne va pas ?
Pourquoi nous ne pouvons pas vivre dans l'arbre ?
J'aimerais quand même récupérer mon lit !
Nous ne sommes pas de la même espèce et il ne faut pas tout mélanger...

Il n'y a pas à discuter. Ça se passera comme ça, c'est tout !
N'ayez pas peur, on va faire un essai et on verra bien...

Ah, ces adultes !
D'abord, ils posent des questions puis, quand on veut y répondre, ils ne veulent rien écouter.

Hé, Roussette, il faut creuser le mur, pas le chatouiller !
C'est la pelle qui est nulle !

Donne-moi la tienne !
Eh ho! ça ne va pas?

Ben voilà, ça marche mieux !

Tu as cassé ma pelle !
Ce n'est pas ma faute si vous n'avez que des outils nazes !
Si on ne sait pas s'en servir...

Ça suffit ! Occupez-vous donc du repas et laissez-nous travailler tranquillement !

Cette petite renarde, tu ne la trouves pas agaçante, toi ?

Peut-être. Mais je trouve aussi qu'elle te ressemble beaucoup.
Comment ça ?

Elle n'aime pas qu'on lui dise ce qu'elle doit faire. Exactement comme toi !
Parce que toi, tu aimes quand quelqu'un te commande ?

Moi, de toute façon, je fais ce que je veux.

N'empêche, elle est spéciale !
Comme toutes les filles...

C'est quoi comme jeu ? On peut jouer aussi ?
Ça s'appelle "attrape-moi".
Mais ce n'est pas pour les blaireaux : **vous êtes trop lents** !

Sympa !
Qu'est-ce que je te disais ?!

Pôk !

C'est un jeu renversant !

Arrête de plaisanter, il est blessé !
Et c'est ma faute, peut-être ?

Vous allez arrêter, vous deux !
Il faut construire un brancard et le ramener à la maison !

C'est trop lourd !

Qu'est-ce qui s'est passé ?
Tu as été un peu trop rapide pour le jeu de Roussette.
Ok, c'est bon, Carcajou. N'en rajoute pas, j'ai compris.

Ah oui ? Alors explique : qu'est-ce que tu as compris ?

Les blaireaux ne sont peut-être pas très rapides, mais ils sont assez forts...

N'oublie pas que nous avons aussi la réputation d'être prévoyants, organisés, excellents creuseurs...

...et frimeurs !
Possible.

Puisque tu es si organisé... Dis-nous comment on va résoudre notre problème.
Je propose un rassemblement au nouveau quartier général...
...pour développer un plan d'attaque.

Nous avons un problème ?

Résumons : notre père et ta mère ont décidé de partager le même terrier.
Pourtant, s'il y a une chose évidente, c'est que...

...blaireaux et renards ne sont pas faits pour vivre ensemble.

Nous sommes **trop** différents !

Euh... et pourquoi ?

Parce que les blaireaux sont trop **lents**...
...et les renards trop **excités**.
Les blaireaux sont super prudents et ont **peur** de tout...
...et les renards sont **casse-cou** !
Chez les blaireaux, tout doit être bien rangé, ils sont **maniaques**...
...et les renards adorent le **fouillis** !

Non vraiment nous n'avons **rien** en commun !

Ah bon.

Mais notre père ne le voit pas.
Et ma mère ne s'en rend pas compte.
Alors, il faut les aider à y voir plus clair !

Hé, venez voir !

Tiens, ma mère est un peu comme ça.
Elle adore quand il y a beaucoup de monde autour d'elle.
Je suis sûre que votre père n'est pas pareil !

Il tient à sa tranquillité, ça, c'est sûr...

Et si on organisait une énorme fête pour les deux ?
Voilà la solution !

Notre père va voir que cette renarde est beaucoup trop fatigante pour lui.
Et ma mère va comprendre qu'elle ne peut pas vivre avec un rabat-joie de blaireau !
D'accord. Une fête n'est jamais une mauvaise idée.

madame Renarde,
monsieur Blaireau
et leurs enfants
ont le plaisir
de vous inviter
à l'occasion de
leur mise en ménage.
La grande fête
aura lieu dans
leur terrier
ce soir, au coucher
du soleil.
Venez nombreux

J'entends quelque chose. Je crois que les enfants sont enfin revenus.
Espérons qu'ils ont fait la paix !

Félicitations et tous nos vœux pour votre nouvelle famille.

Oh!... Merci, c'est gentil.

Venez par là, je vais vous faire visiter notre terrier que nous venons d'agrandir.

Quelle bonne surprise !
Excusez-moi, je pense qu'il y a quelqu'un d'autre qui arrive.

Tiens, il y a la famille **putois** qui approche.
Oh ! non !

Mes amis, je vous propose de déplacer la fête à l'extérieur. La nuit est douce et nous serons plus à l'aise.

Dommage, les putois ne sont pas entrés.
Dommage ? Tu comptais dormir où cette nuit ?
Maintenant, il faut y aller !
Notre plan fonctionne à merveille.
Ne vous inquiétez pas.

Je me demande comment tous ces gens sont au courant de notre déménagement.
Je crois que j'ai ma petite idée là-dessus.

Faites place pour le gâteau !

Est-ce que vous êtes sûrs que votre plan se déroule comme prévu ?
Attends un peu, tu vas voir.
Entre-temps, profitons de la fête ! Qui danse avec moi ?
Je suis si heureux que vous ayez trouvé l'entrée de notre terrier !

Cette fête n'a fait que des heureux !
C'est vrai : ils s'entendent aussi bien que nous deux.

Ça va faire du bien à Roussette d'avoir enfin des frères et sœurs.

Il a **super** bien marché votre plan.
Au lieu de créer une dispute, nous avons fondé une famille !

Mais ce n'est peut-être pas si grave que ça ! Viens, petite sœur...

Je ne serai **jamais** votre sœur !

Je suis une renarde et je ne **supporterai** pas de croiser sans cesse des **blaireaux** chez moi !

Bonjour, ma petite !
C'était vraiment une merveilleuse fête que vous avez organisée.

J'ai l'impression que tu t'entends bien avec Carcajou et Glouton.
C'est vrai, je m'amuse bien avec eux, mais...
Ils ne sont pas du tout comme j'avais imaginé mes frères.

Tu sais : frères et sœurs sont rarement comme on voudrait qu'ils soient.

Mais ça n'empêche pas de passer de bons moments ensemble.

Vous n'avez pas vu Glouton et Carcajou ? Je les cherche depuis un moment.

Oh !

Qu'est-ce qui s'est passé ?
Vous vous êtes disputés ?
J'ai dit une grosse bêtise, hier soir...

Carcajou?
Glouton!
Ajou! Outon!
Revenez!
Je retire ce que j'ai dit. Je veux bien essayer de vivre avec vous!

Ouf, vous êtes là!
J'ai eu peur que vous ayez fait une fugue à cause de moi.
Une fugue? N'importe quoi.

On creuse une autre entrée qui t'emmènera directement de ta chambre à la forêt.
Comme ça, tu ne seras pas obligée de croiser des blaireaux dans ton terrier!

Même si je ne suis pas votre vraie sœur...
Dans mes bras...
...mes "presque frères"!

fin

Des mêmes autrices
chez Dargaud

Monsieur Blaireau et Madame Renarde

La Rencontre
Remue-Ménage
Quelle équipe !
Jamais tranquille !
Le Carnaval
Le Chat sauvage
Le Porte-bonheur

La famille Blaireau Renarde présente...

Les Émotions
Les Arbres
Vivre ensemble !

Cassis

Cassis veut jouer
Cassis a peur

De la même scénariste
chez Dargaud

Maïa - *dessin de Colonel Moutarde*

Maïa
Un secret bien gardé
Le Cadeau des Dieux